Spanish Basics, Book 1

NOMBRE (Name):

_____

ESCUELA (School):

_____

Look for me! I like a good challenge!

Table of Contents

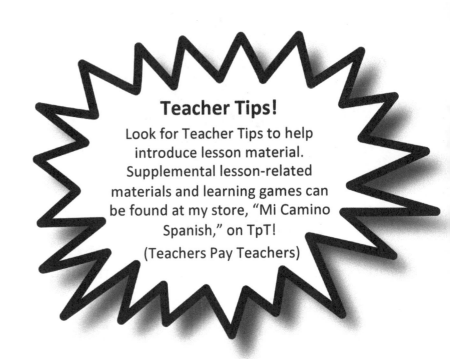

Teacher Tips!

Look for Teacher Tips to help introduce lesson material. Supplemental lesson-related materials and learning games can be found at my store, "Mi Camino Spanish," on TpT!
(Teachers Pay Teachers)

Mi Camino Spanish™
El Camino Spanish LLC
info@micaminospanish.com

For multimedia resources to support delivery of these lessons including lesson slides, learning games, links to YouTube videos, lesson plans and more, please send an email to info@micaminospanish.com or check out my store at www.teacherspayteachers.com. For more workbooks like this, go to www.lulu.com!

Lesson 1 – Greetings, Good-Byes, & Introduction to Personal Pronouns

Common Spanish Greetings & Good-Byes

- **Hola** (Hi / Hello)
- **Buenos Días** (Good Morning)
- **Buenas Tardes** (Good Afternoon)
- **Buenas Noches** (Good Night)
- **¿Cómo te llamas?** (What is your name?)
- **Me llamo...** (My name is...)
- **¿Como estás?** (How are you?)

- **Estoy...**
  - **bien** (well)
  - **mal** (bad)
  - **más o menos** (so-so)
- **Adiós** (Good-bye)
- **Hasta Luego** (Until Later)
- **Hasta Mañana** (Until Tomorrow)
- **Hasta Pronto** (Until Soon)
- **Mucho Gusto** (Nice to meet you.)
- **Igualmente** (Same to you.)

Teacher Tip!
Have students break up the class into Spanish "Pronoun Groups."

Spanish Personal Pronouns

I	Yo
You	Tú
He / She / You (formal)	Él / Ella / Usted
We	Nosotros / Nosotras
You all (informal)	Vosotros
They / You all (formal)	Ellos / Ellas / Ustedes

"Vosotros" is only used in Spain!

Buenos días.

In Spanish, "BUENOS DÍAS" means "GOOD MORNING" or "GOOD DAY." Practice writing this greeting in Spanish and then draw a picture that represents this time of day.

" _____ "

Buenas tardes.

In Spanish, "BUENAS TARDES" means "GOOD AFTERNOON." Practice writing this greeting in Spanish and then draw a picture that represents this time of day.

"_____."

Buenas noches.

In Spanish, "BUENAS NOCHES" means "GOOD EVENING" or "GOOD NIGHT." Practice writing this greeting in Spanish and then draw a picture that represents this time of day.

"_____."

Pronombres Personales

Practice writing each personal pronoun in Spanish!

Yo
(I)

Tú
(you informal)

Usted
(you formal)

Él
(he)

Ella
(she)

Nosotros
(we)

Vosotros
(you all informal, Spain)

Ellos
(they)

Ellas
(they, girls)

Ustedes
(you all)

Tú vs. Usted

Circle the appropriate use of "tú" or "usted" based on which you would use with each person.

Tú
Usted

Tú
Usted

Tú
Usted

Tú
Usted

Tú
Usted

Tú
Usted

Tú
Usted

Tú
Usted

Tú
Usted

Pronombres Personales

Circle the appropriate personal pronoun that corresponds to each picture.

Ellas
Ellos

Tú
Usted

Ellas
Tú

Ellos
Yo

Nosotros
Ella

Ellas
Ustedes

Ella
Él

Él
Usted

Ellos
Yo

Basic Conversation
(Greetings & Good-Byes)

Practice the following conversation with a friend.

"Hola, me llamo _____."
(tu nombre)

"Hola, me llamo _____."
(el nombre de tu amigo)

"Mucho gusto."

"Igualmente. "

"Hasta luego."

"Adiós."

"HOLA"

Lesson 2 – Numbers, Alphabet, Colors & Shapes

- **"¿Cuántos hay?"** (How many are there?)
- **"¿Cuántos años tienes?"** (How old are you?)
- **"¿De qué color es?"** (What color is it?)
- **"¿Cuál es tu color favorito?"** (What is your favorite color?)

1	Uno	11	Once
2	Dos	12	Doce
3	Tres	13	Trece
4	Cuatro	14	Catorce
5	Cinco	15	Quince
6	Seis	16	Dieciséis
7	Siete	17	Diecisiete
8	Ocho	18	Dieciocho
9	Nueve	19	Diecinueve
10	Diez	20	Veinte

Teacher Tip!
Play Spanish Numbers BINGO!

Colors & Shapes in Spanish

- **Rojo** (red)
- **Amarillo** (yellow)
- **Verde** (green)
- **Negro** (black)
- **Anaranjado** (orange)
- **Gris** (grey)

- **Morado** (purple)
- **Blanco** (white)
- **Rosa** (pink)
- **Azul** (blue)
- **Marrón** (brown)

- **El corazón** (heart)
- **El triángulo** (triangle)
- **El cuadrado** (square)
- **El rectángulo** (rectangle)
- **El círculo** (circle)
- **La estrella** (star)

"El Alfabeto Español"

The Spanish alphabet has 27 letters. Practice writing each of the following letters and words and draw a picture. Or, for an extra challenge, use new Spanish vocabulary words!

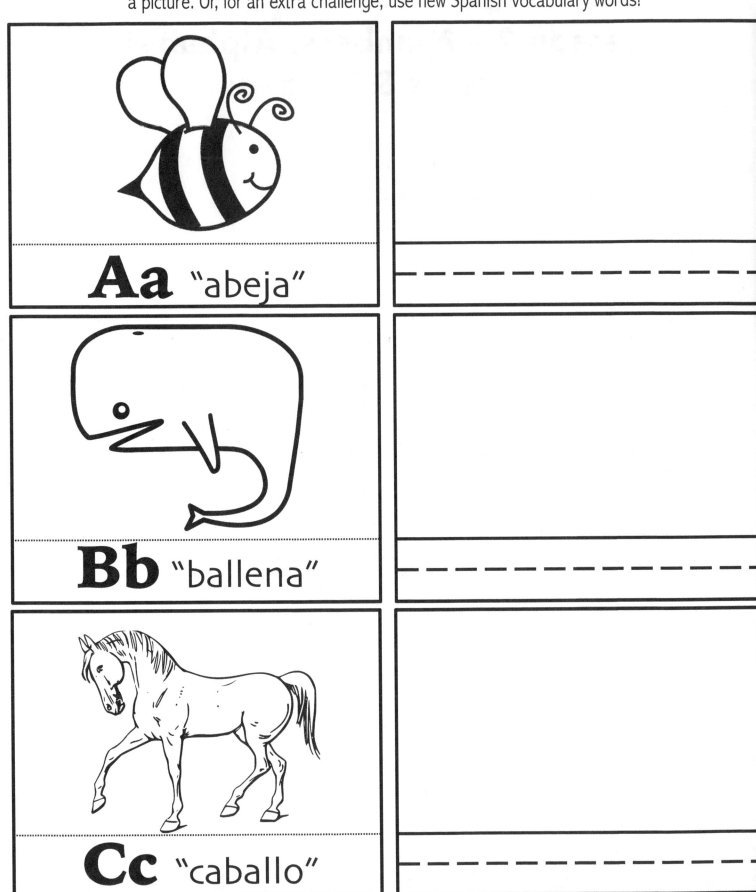

Aa "abeja"

Bb "ballena"

Cc "caballo"

"El Alfabeto Español"

Dd "delfín"

Ee "elefante"

Ff "foca"

"El Alfabeto Español"

(Same as previous.)

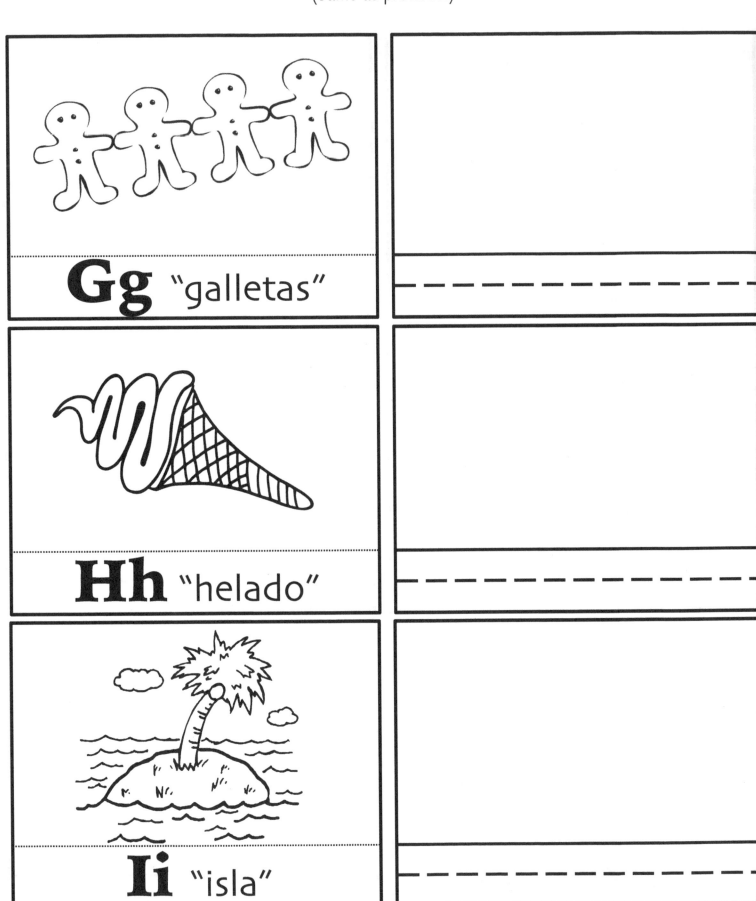

Gg "galletas"

Hh "helado"

Ii "isla"

"El Alfabeto Español"

Jj "jirafa"

Kk "kárate"

Ll "luna"

"El Alfabeto Español"

(Same as previous.)

Mm "mono"

Nn "nubes"

Ññ "bañera"

"El Alfabeto Español"

Oo "oveja"

Pp "pez"

Qq "queso"

"El Alfabeto Español"

(Same as previous.)

Rr "rana"

Ss "sandía"

Tt "tormenta"

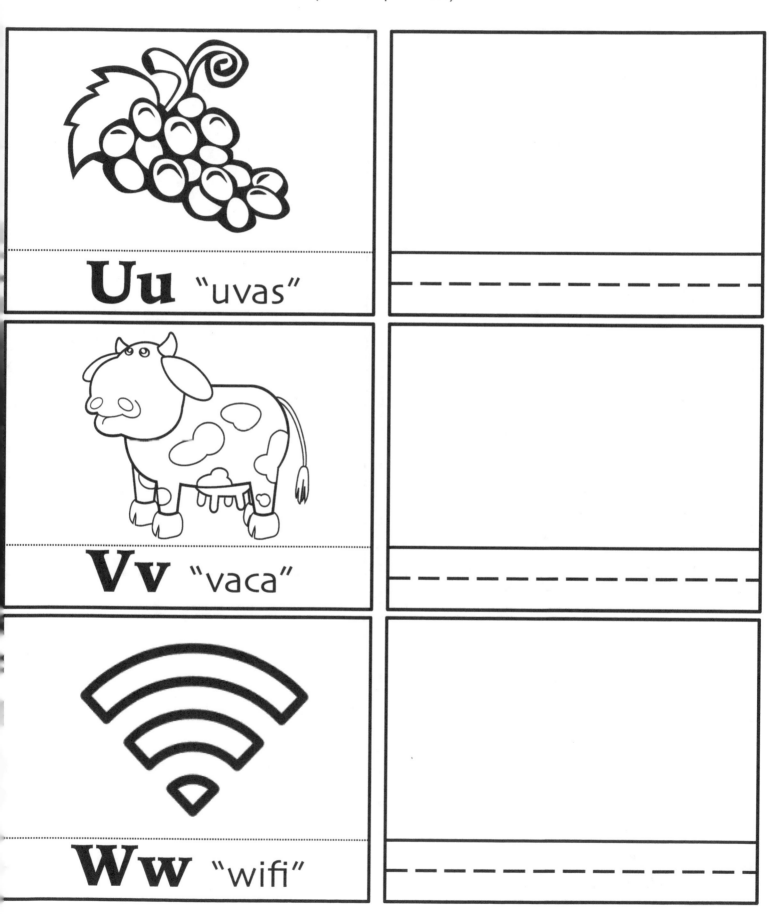

Uu "uvas"

Vv "vaca"

Ww "wifi"

"El Alfabeto Español"

Xx "xilófono"

Yy "yoyo"

Zz "zorro"

Las Vocales (A, E, I, O, U)

Practice saying each vowel out loud. Then, color the pictures. Can you think of other words in Spanish that use these vowel sounds?

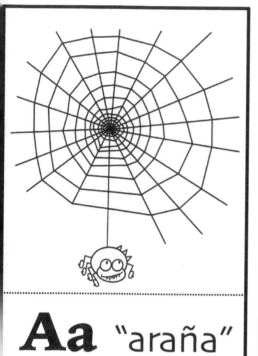

Aa "araña"

Ee "erizo"

Ii "idea"

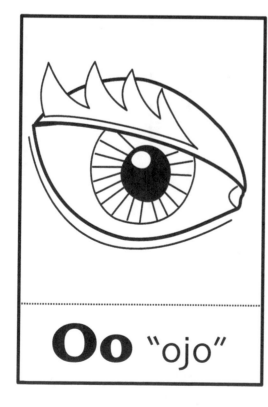

Oo "ojo"

Uu "uno"

Los Números 1-10

Practice writing each number out in Spanish!

1 Uno

2 Dos

3 Tres

4 Cuatro

5 Cinco

6 Seis

7 Siete

8 Ocho

9 Nueve

10 Diez

Los Números 11-20

Practice writing each number out in Spanish!

11
Once

12
Doce

13
Trece

14
Catorce

15
Quince

16
Dieciséis

17
Diecisiete

18
Dieciocho

19
Diecinueve

20
Veinte

¿Cuántos hay?

How many are there? Count the number of objects and then write how many there are in Spanish. WORD BANK: UNO, DOS, TRES, CUATRO, CINCO, SEIS, SIETE, OCHO, NUEVE, DIEZ

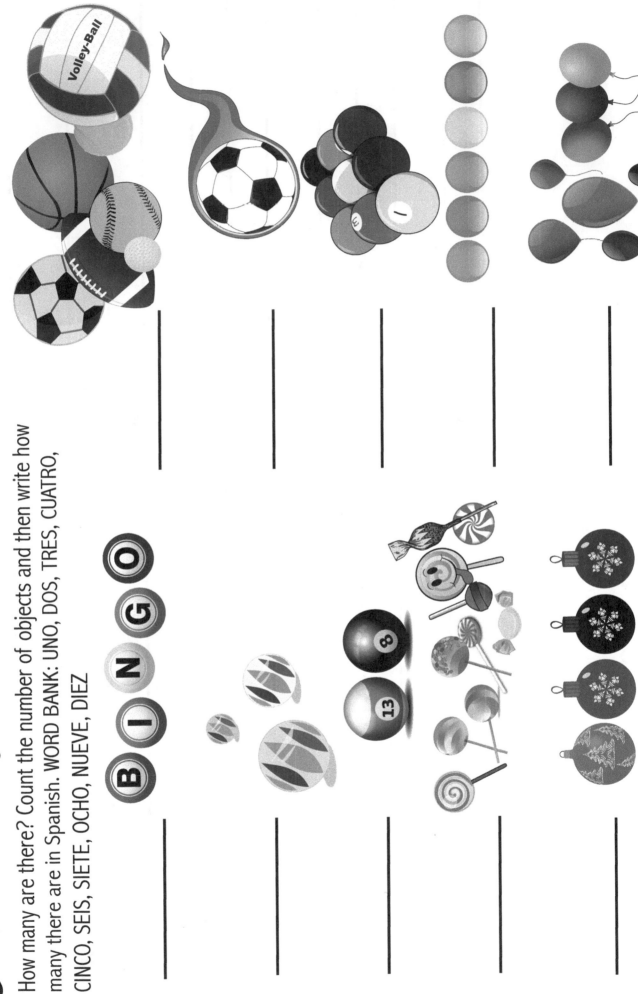

LOS COLORES

Color in the paint splatter according to its name in Spanish.

BLANCO

ROSA

ANARANJADO

VERDE

MORADO

NEGRO

MARRÓN

ROJO

AMARILLO

AZUL

LOS COLORES

Color each picture according to the description in Spanish.

La rana es verde.

Las uvas son moradas.

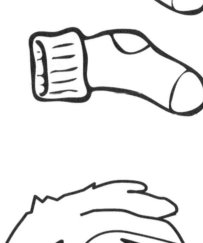

Los calcetines son anaranjados.

El sol es amarillo.

El perro es marrón.

La camisa es azul.

La flor es rosa.

La fresa es roja.

El gato es negro.

La nube es blanca.

¿De qué color es el regalo?

What color is the present? Color the picture according to the color-number combinations below.

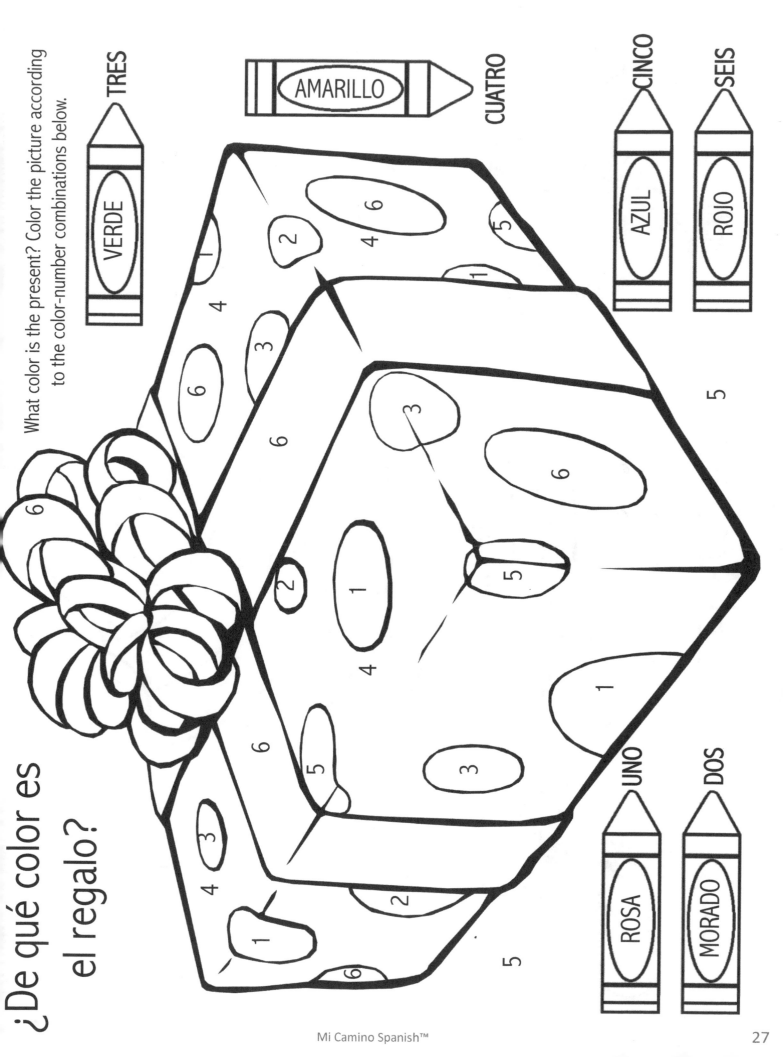

TRES — VERDE

AMARILLO — CUATRO

CINCO — AZUL

SEIS — ROJO

UNO — ROSA

DOS — MORADO

El Arco Iris

Color in the rainbow according to its description in Spanish.

ROJO

ANARANJADO

AMARILLO

VERDE

AZUL

MORADO

BLANCO

BLANCO

Los Colores del Océano

(The Colors of the Ocean) Connect the dots and then color the picture according to the letter-color chart.

A — AZUL
B — VERDE
C — ROJO
D — AMARILLO
E — MORADO
F — ANARANJADO
G — MARRÓN
H — GRIS

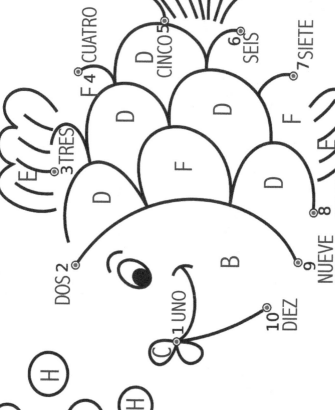

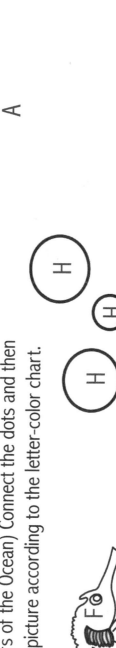
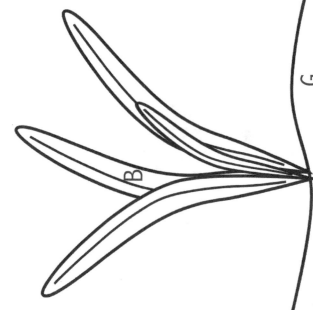

A

E
TRES 3
F 4 CUATRO
D
D CINCO 5
D
F
D
F
6 SEIS
7 SIETE
E
8 OCHO
9 NUEVE
B
DOS 2
1 UNO
C
10 DIEZ
H
H
H
H
H
H
H
A

A

B

C

F

A

G

¿De qué color es?

What color is it? Color in each picture according to its description in Spanish.

El gato es anaranjado con ojos verdes y una cola negra.

El perro es marrón con un collar azul.

La casa es verde con una puerta roja y un techo azul.
El sol es amarillo y la flor es rosa.

¿De qué color es la forma?

What color is the shape? Read each sentence and color in the shapes based on the description below. Then, label each shape with its name in Spanish!

- El rectángulo es azul.
- El círculo es verde.
- El corazón es rojo.

- La estrella es amarilla.
- El cuadrado es anaranjado.
- El triángulo es morado.

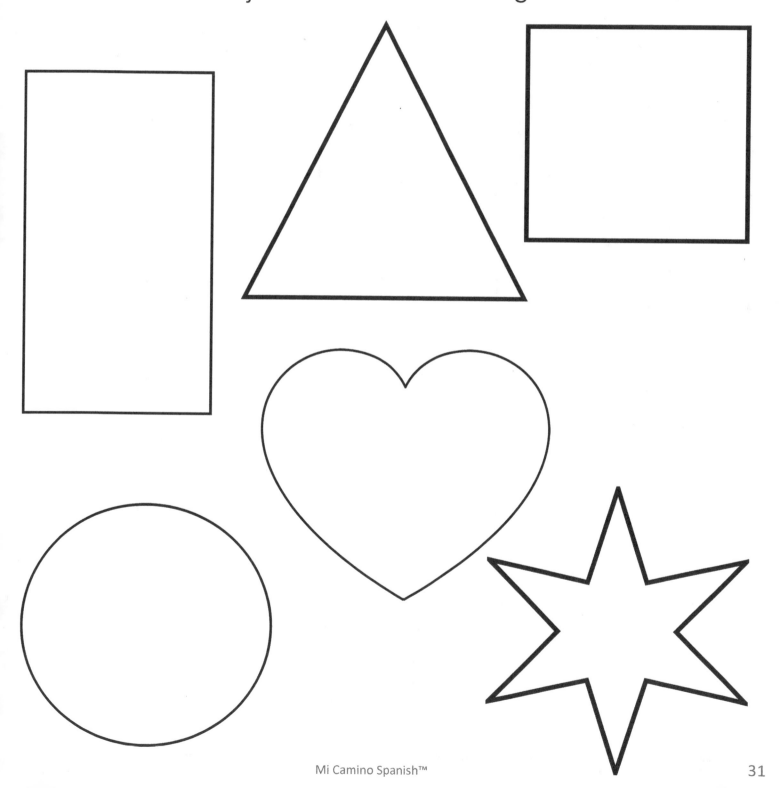

Basic Conversation
(COLORS)

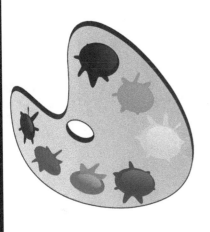

Me llamo _____ y tengo _____ años.
(your name)   (your age)

Mi color favorito es _____ porque es
                        (favorite color)

el color de mi _____ . También me gustan
                (something you have in your favorite color)

los colores _____ , _____ y
            (2nd favorite color)   (3rd favorite color)

_____ . ¿Cuál es tu color favorito?
(4th favorite color)

Lesson 3 – The Calendar & Weather Basics

- **"¿Qué tiempo hace hoy?"** (What's the weather like today?)
- **"¿Qué día es hoy?"** (What day is today?)
- **"¿Qué es la fecha hoy?"** (What is the date today?)
- **"¿Cuándo es tu cumpleaños?"** (When is your birthday?)

Days, Months, & Seasons

- **Lunes** (Monday)
- **Martes** (Tuesday)
- **Miércoles** (Wednesday)
- **Jueves** (Thursday)
- **Viernes** (Friday)
- **Sábado** (Saturday)
- **Domingo** (Sunday)

- **El Verano** (Summer)
- **El Invierno** (Winter)
- **El Otoño** (Fall)
- **La Primavera** (Spring)

- **Enero** (January)
- **Febrero** (February)
- **Marzo** (March)
- **Abril** (April)
- **Mayo** (May)
- **Junio** (June)
- **Julio** (July)
- **Agosto** (August)
- **Septiembre** (September)
- **Octubre** (October)
- **Noviembre** (November)
- **Diciembre** (December)

Teacher Tip!
Make your own
Weather Wheel!

Common Weather Expressions

- **"Hace frío."** (It's cold.)
- **"Hace calor."** (It's hot)
- **"Hace sol."** (It's sunny.)
- **"Hace viento."** (It's windy.)

- **"Está lloviendo."** (It's raining.)
- **"Está nevando."** (It's snowing)
- **"Está nublado."** (It's cloudy.)
- **"Está medio nublado."** (It's partly cloudy.)

Los Siete Días de la Semana

(The Seven Days of the Week)
Practice writing each day of the week in Spanish!

lunes

martes

miércoles

jueves

viernes

sábado

domingo

Los Doce Meses del Año

(The Twelve Months of the Year) Practice writing each month of the year in Spanish!

enero

febrero

marzo

abril

mayo

junio

julio

agosto

septiembre

octubre

noviembre

diciembre

Los Doce Meses del Año

Using the word bank below, write in the name of each month in Spanish in the correct order! (January – December)

WORD BANK: FEBRERO, ENERO, JUNIO, DICIEMBRE, MARZO, JULIO, MAYO, SEPTIEMBRE, NOVIEMBRE, ABRIL, AGOSTO, OCTUBRE

1.

2.

3.

4.

5.

6.

7.

8.

9.

10.

11.

12.

EL INVIERNO

(WINTER) Draw a picture based on the sentence in Spanish!

En invierno hace mucho frío.

EL VERANO

(SUMMER) Draw a picture based on the sentence in Spanish!

En verano hace mucho sol.

LA PRIMAVERA

(SPRING) Draw a picture based on the sentence in Spanish!

En primavera llueve mucho.

EL OTOÑO

(FALL) Draw a picture based on the sentence in Spanish!

En otoño las hojas cambian de color.

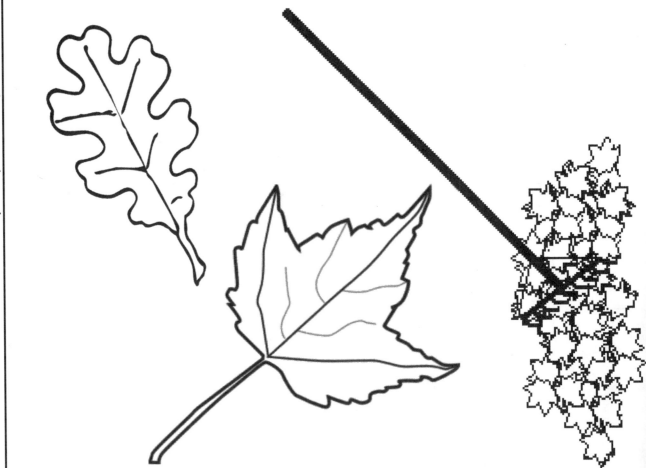

¿Qué tiempo hace hoy?

(What is the weather like today?)

Draw a picture of what the weather is like at your house today and label it in Spanish!

¿Qué tiempo hace hoy?

"Hoy, _____ _____."

¿Hace calor?

¿Hace viento?

¿Hace frío?

¿Hace sol?

¿Está lloviendo?

¿Está nevando?

¿Qué tiempo hace?

What's the weather like? Label each picture using the word bank. **WORD BANK:** Hace calor. | Está nevando. | Está medio nublado. | Hace frío. | Hace sol. | Está nublado. | Hace calor. | Está lloviendo. | Hace viento.

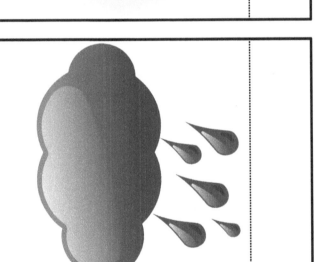

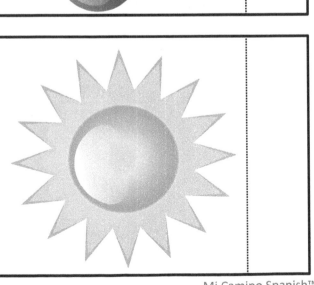

¿Qué tiempo hace?

What's the weather like? Look at the forecast for the week and circle "CIERTO" or "FALSO" (TRUE or FALSE) based on what you read in each cloud below.

LUNES	MARTES	MIÉRCOLES	JUEVES	VIERNES	SÁBADO	DOMINGO

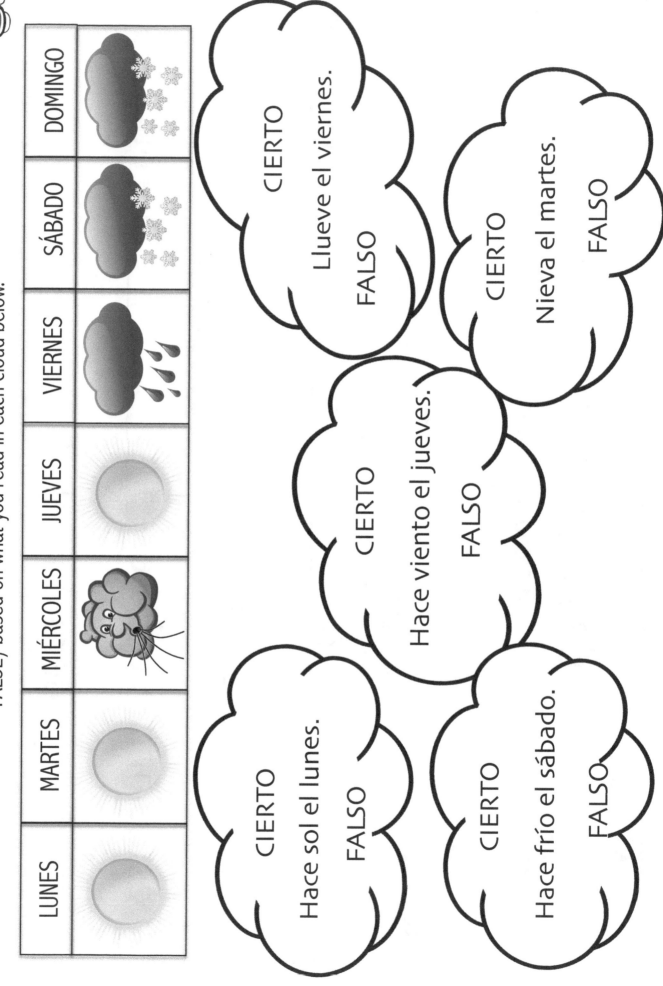

CIERTO
Llueve el viernes.
FALSO

CIERTO
Nieva el martes.
FALSO

CIERTO
Hace viento el jueves.
FALSO

CIERTO
Hace sol el lunes.
FALSO

CIERTO
Hace frío el sábado.
FALSO

Basic Conversation
(Calendar & Weather)

Me llamo _____ y tengo _____ años.
_____(your name)_____ _____(your age)_____

Hoy es el _____ de _____ y estamos en _____
_____(day)_____ _____(month)_____

_____ . Hoy hace mucho _____ .
___(season)___ _____(cold, hot, windy, sunny)_____

Mi estación favorita es _____ porque me
_____(favorite season)_____

gusta jugar afuera cuando hace _____ .
_____(cold, hot, windy, sunny)_____

DIRECTIONS: Fill in the blanks with the missing vocabulary. Then, practice the conversation with a friend.

Lesson 4 – Telling Time & School Vocabulary

Telling Time in Spanish

- **"¿Qué hora es?"** (What time is it?)
- **"Es la una."** (It's 1:00.)
- **"Son las dos."** (It's 2:00.)
- **"Son las tres."** (It's 3:00.)
  - Etc.
- **"Es la una y cuarto."** (It's 1:15.)
- **"Son las dos y cuarto."** (It's 2:15.)
- **"Son las tres y cuarto."** (It's 3:15.)
  - Etc.
- **"Es la una y media."** (It's 1:30.)
- **"Son las dos y media."** (It's 2:30.)
- **"Son las tres y media."** (It's 3:30.)
  - Etc.

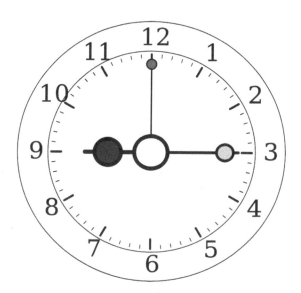

School Vocabulary

- **"¿Qué tienes en tu mochila?"** (What do you have in your backpack?)
- **La mochila** (backpack)
- **El libro** (book)
- **El bolígrafo** (pen)
- **El lápiz** (pencil)
- **La regla** (ruler)
- **El pegamento** (glue)
- **El cuaderno** (notebook)
- **El papel** (paper)
- **El borrador** (eraser)
- **Los crayones** (crayons)
- **La carpeta** (folder)
- **Las tijeras** (scissors)
- **El pupitre** (student desk)
- **El autobús** (bus)
- **La escuela** (school)

Teacher Tip! Use a backpack filled with each item listed above to teach students this vocabulary. Play "1, 2, 3...Que hora es?

¿Qué hora es?

What time is it? Write the time in Spanish.
Follow the example.

Es la ___una___ . (1:00)

Son las _____ . (2:00)

Son las _____ . (3:00)

Son las _____ . (4:00)

Son las _____ . (5:00)

Son las _____ . (6:00)

Son las _____ . (7:00)

Son las _____ . (8:00)

Son las _____ . (9:00)

Son las _____ . (10:00)

Son las _____ . (11:00)

Son las _____ . (12:00)

¿Qué hora es?

What time is it? Write in the correct time in Spanish under each clock. Follow the example.

Es la una.

Son las dos y media.

¿Qué hora es?

What time is it? Write in the correct time in Spanish under each clock.

¿Qué hora es?

What time is it? Write in the correct time in Spanish under each clock.

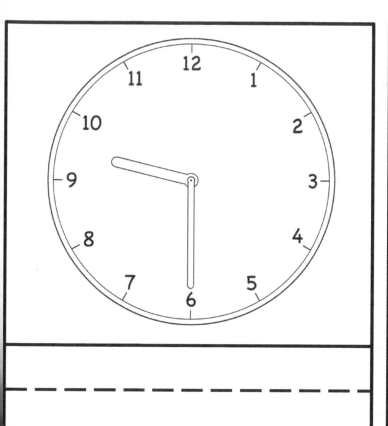

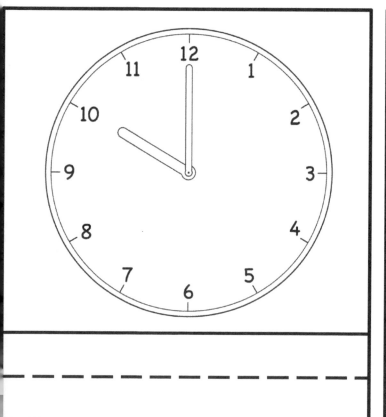

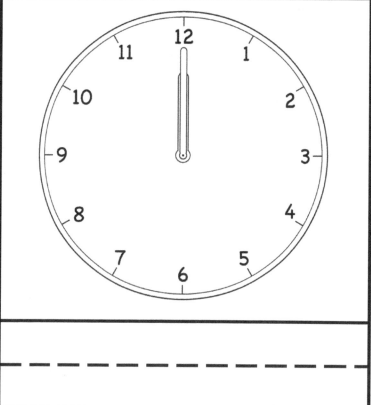

School-Related Vocabulary

Color and label the school-related objects and practice saying them in Spanish!

WORD BANK: EL PAPEL, EL PUPITRE, LA ESCUELA, LOS LIBROS, EL PEGAMENTO, LAS TIJERAS, LA REGLA, EL BORRADOR, EL AUTOBÚS, EL LÁPIZ.

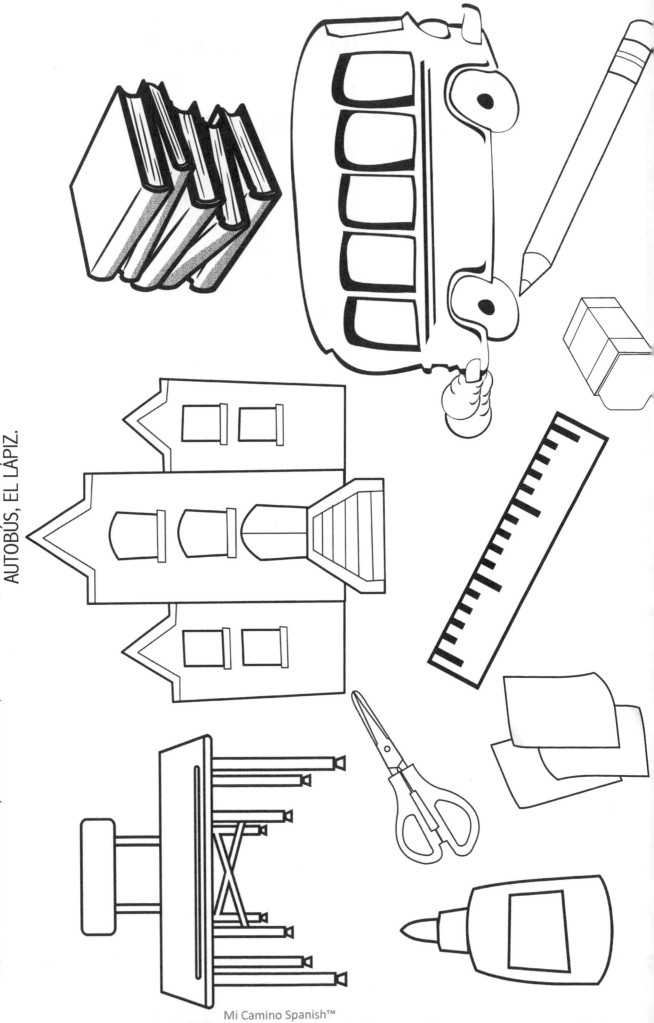

¿Qué tienes en la mochila?

(What do you have in your backpack?) Draw a picture of the things that you have in your backpack.

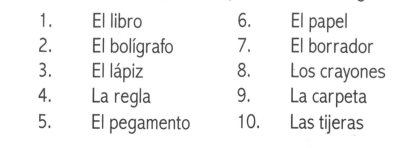

1.	El libro	6.	El papel
2.	El bolígrafo	7.	El borrador
3.	El lápiz	8.	Los crayones
4.	La regla	9.	La carpeta
5.	El pegamento	10.	Las tijeras

Lesson 5 – Common Spanish Verbs & "Me Gusta"

- **"Me gusta."** (I like.)
- **"Te gusta.** (You like.)
- **"¿Qué te gusta hacer?"** (What do you like to do?)
- **"Me gusta" + VERB** (I like to …)

Teacher Tip!
Play "Verb Charades" or the "Me Gusta" board game.

CANTAR	To sing
BAILAR	To dance
DIBUJAR	To draw
CORRER	To run
PATINAR	To skate
HABLAR (por teléfono)	To speak (on the phone)
JUGAR (al fútbol, videojuegos)	To play (soccer, videogames)
ESCUCHAR (música)	To listen (to music)
LEER	To read
DORMIR	To sleep
ESQUIAR	To ski
COMER	To eat
NADAR	To swim
TOCAR (la guitarra)	To play (the guitar), to touch
ESTUDIAR	To study
MONTAR (en bicicleta)	To ride (a bike)

¿Qué te gusta hacer?

What do you like to do? Draw a picture of what you like to do using one of the verbs below. Then, draw a picture of what you DON'T like to do.

"Me gusta _____ ."

"No me gusta _____ ."

CORRER | TOCAR LA GUITARRA | LEER | DIBUJAR | JUGAR AL FÚTBOL | JUGAR VIDEOJUEGOS | ESCUCHAR MÚSICA | BAILAR | CANTAR | COMER | ESQUIAR | DORMIR | NADAR | PATINAR

¿Qué le gusta hacer?

What does he or she like to do? Circle the correct Spanish verb according to what you see in the picture. Then, color the picture.

DORMIR

CORRER

LEER

ESCUCHAR MÚSICA

CANTAR

COMER

BAILAR

DIBUJAR

JUGAR AL FÚTBOL

BAILAR

¿Qué le gusta hacer?

What does he or she like to do? Circle the correct Spanish verb according to what you see in the picture. Then, color the picture.

DORMIR
CORRER

BAILAR
LEER

CANTAR
DIBUJAR

COMER
DORMIR

CORRER
HABLAR POR TELÉFONO

CANTAR
PATINAR

¿Qué le gusta hacer?

What does he or she like to do? Circle the correct Spanish phrase according to what you see in the picture.

Le gusta comer.

Le gusta esquiar.

Le gusta tocar la guitarra.

Le gusta leer.

Le gusta nadar.

Le gusta bailar.

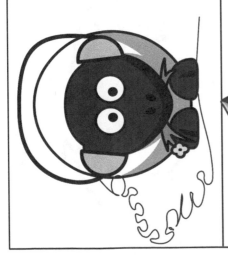

Le gusta escuchar música.

Le gusta nadar.

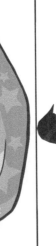

Le gusta dormir.

Le gusta estudiar.

Le gusta correr.

Le gusta montar en bicicleta.

¿Qué le gusta hacer?

What does he or she like to do? Write the correct Spanish verb according to what you see in the picture.

WORD BANK: ESTUDIAR, LEER, COMER, JUGAR, BAILAR, CANTAR.

A ella le gusta _____

A ella le gusta _____

A ella le gusta _____

A ella le gusta _____

A él le gusta _____

A él le gusta _____

A ella le gusta _____

"Sopa de Letras" - Verbos

Find each of the following Spanish verbs in the word search below!

COMER   BAILAR   CORRER   ESCUCHAR

MONTAR   CANTAR   JUGAR   ESQUIAR

DORMIR   TOCAR   LEER   NADAR

PATINAR   DIBUJAR   HABLAR   ESTUDIAR

M	O	B	L	R	C	O	R	R	E	R	N
I	T	S	U	B	A	I	L	A	R	B	E
R	F	H	L	A	N	R	Q	U	S	D	S
S	A	A	P	A	T	I	N	A	R	M	C
D	I	B	U	J	A	R	D	N	H	E	U
T	E	L	C	U	R	T	E	A	C	S	C
M	H	A	L	G	N	A	D	B	L	Q	H
O	S	R	B	A	T	O	C	A	R	U	A
N	L	E	E	R	S	D	O	R	M	I	R
T	B	C	D	R	N	S	M	C	F	A	D
A	T	A	C	E	F	T	E	T	A	R	H
R	S	L	N	A	D	A	R	B	L	A	S
B	E	S	T	U	D	I	A	R	H	E	R

Mi Camino Spanish™

Lesson 6 – Parts of the Body & Introduction to Animals

- **"¿Cuál es tu animal favorito?"** (What is your favorite animal?)
- **"Me duele..."** (My ... hurts.)
- **"¿Qué te duele?"** (What hurts?)

Teacher Tip! Play charades using the names of animals in Spanish! Play animal board games.

Animals of the Farm

La granja (farm)
La vaca (cow)
El cerdo (pig)
El ratón (mouse)
El pájaro (bird)
El caballo (horse)
El perro (dog)
El gato (cat)
La oveja (sheep)
El pato (duck)
El gallo (rooster)
El burro (donkey)
El pollito (chick)

Animals of the Ocean

- **El océano** (ocean)
- **La ballena** (whale)
- **La foca** (seal)
- **El pez** (fish)
- **El cangrejo** (crab)
- **La langosta** (lobster)
- **El tiburón** (shark)
- **El delfín** (dolphin)
- **El pulpo** (octopus)
- **La estrella de mar** (starfish)

Animals of the Jungle

- **La selva** (jungle)
- **El mono** (monkey)
- **El loro** (parrot)
- **La rana** (frog)
- **El elefante** (elephant)
- **El león** (lion)
- **El tigre** (tiger)
- **La jirafa** (giraffe)
- **La cebra** (zebra)

Parts of the Body

El cuerpo (body)
La oreja (ear)
La nariz (nose)
La espalda (back)
Los dedos (fingers)
La rodilla (knee)
Los ojos (eyes)

- **La boca** (mouth)
- **La mano** (hand)
- **El hombro** (shoulder)
- **El brazo** (arm)
- **La pierna** (leg)
- **El pie** (foot)
- **El pelo** (hair)

Las Partes del Cuerpo - La Niña

(Parts of the Body — The Girl) Color & label the parts of the body in Spanish!

EL PELO   LA RODILLA   EL BRAZO   LOS DEDOS

LA OREJA   LOS OJOS   LA PIERNA   EL HOMBRO

LA NARIZ   LA BOCA   EL PIE   LA MANO

Las Partes del Cuerpo - El Niño

(Parts of the Body — The Boy) Color & label the parts of the body in Spanish!

EL PELO   LA RODILLA   EL BRAZO   LOS DEDOS

LA OREJA   LOS OJOS   LA PIERNA   EL HOMBRO

LA NARIZ   LA BOCA   EL PIE   LA MANO

Los Animales de la Granja

¿Cuáles son los animales de la granja? – What are the animals of the farm? Color and label each farm animal in Spanish! (WORD BANK: 1. LA VACA, 2. EL CERDO, 3. EL RATÓN, 4. EL PÁJARO, 5. EL CABALLO, 6. EL PERRO, 7. EL GATO, 8. LA OVEJA, 9. EL PATO, 10. EL GALLO, 11. EL BURRO, 12. EL POLLITO)

Los Animales de la Selva

¿Cuáles son los animales de la selva? — What are the animals of the jungle? Color and label each jungle animal in Spanish! (WORD BANK: 1. EL MONO, 2. EL TIGRE, 3. EL LEÓN, 4. LA TORTUGA, 5. EL LORO, 6. LA CEBRA, 7. EL ELEFANTE, 8. LA RANA, 9. LA JIRAFA)

Los Animales del Océano

¿Cuáles son los animales del océano? – What are the animals of the ocean? Color and label each ocean animal in Spanish! (WORD BANK: 1. LA BALLENA, 2. LA ESTRELLA DEL MAR, 3. EL PEZ, 4. LA LANGOSTA, 5. EL TIBURÓN, 6. LA FOCA, 7. EL PULPO, 8. EL DELFÍN, 9. EL CANGREJO

Basic Conversation

(Los Animales)

Me llamo _____ y tengo _____ años.
(your name)   (your age)

Me gustan mucho los animales de la _____,
                                      (farm)

del _____, y de la _____. Mis animales
    (ocean)   (jungle)

favoritos son _____, _____, y
               (your 1st favorite animal)   (your 2nd favorite animal)

_____. ¿Cuáles son tus animales favoritos?
(your 3rd favorite animal)

Fill out the word bubble
with information about
your favorite animals!
Then, color the picture.

Lesson 7 – Introduction to Members of a Family

"¿Quiénes son los miembros de tu familia?" (Who are the members of your family?)

Mi Familia

Family	La familia
Father / Mother	El padre / la madre
Parents	Los padres
Dad / mom	El papá / la mamá
Brother / sister	El hermano / la hermana
Son / daughter	El hijo / la hija
Children	Los hijos
Grandfather / grandmother	El abuelo / la abuela
Grandson / granddaughter	El nieto / la nieta
Uncle / aunt	El tío / la tía
Nephew / niece	El sobrino / la sobrina
Cousin	El primo / la prima
Pet	La mascota

Teacher Tip! Have students choose other students to represent members of their family and present them to the class in Spanish!

Mi Familia

¿Quiénes son los miembros de tu familia? (Who are the members of your family?) Draw a picture of your family in this picture frame and label it in Spanish!

- Papá (dad)
- Mamá (mom)
- Hermano (brother)
- Hermana (sister)
- Abuelo (grandpa)
- Abuela (grandma)
- Tío (uncle)
- Tía (aunt)
- Primo (boy cousin)
- Prima (girl cousin)
- Perro (dog)
- Gato (cat)

Mi Familia

¿Quiénes son los miembros de tu familia? — Who are the members of your family?

Practice writing "FAMILY" vocabulary in Spanish. Then, color the pictures!

Abuelo

Abuela

Hermana

Mamá

Hermano

Papá

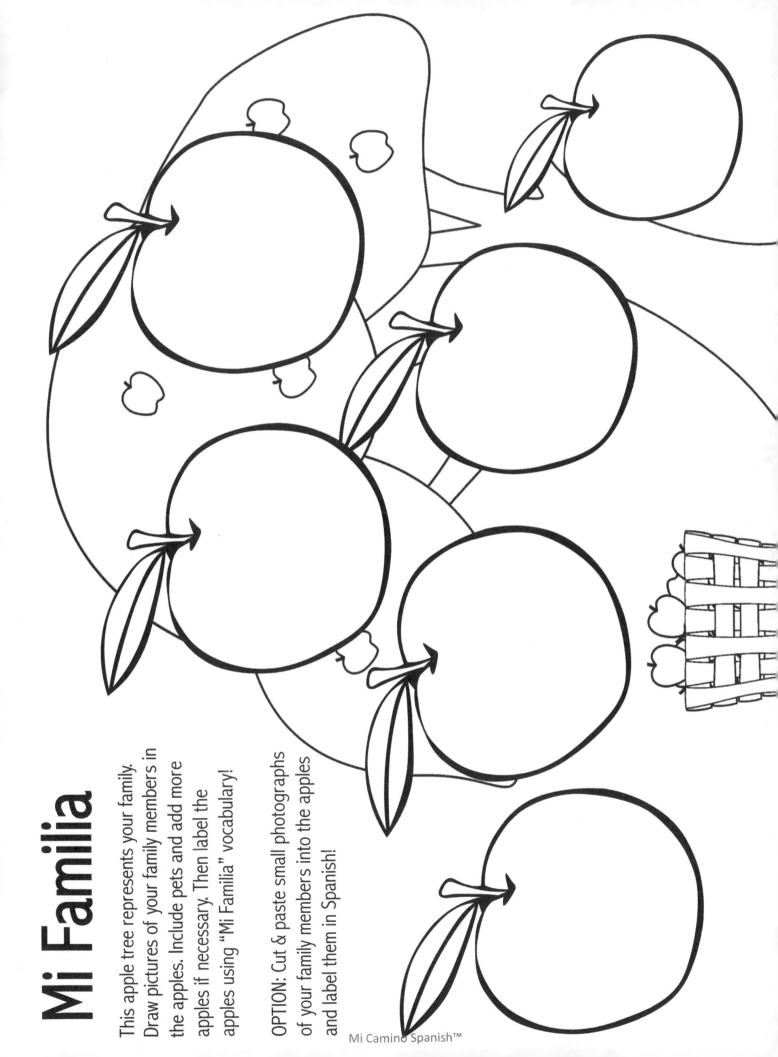

Mi Familia

This apple tree represents your family. Draw pictures of your family members in the apples. Include pets and add more apples if necessary. Then label the apples using "Mi Familia" vocabulary!

OPTION: Cut & paste small photographs of your family members into the apples and label them in Spanish!

Mi Camino Spanish™

La Familia

Using a magazine, cut out pictures of members of this family tree and paste them in each box.

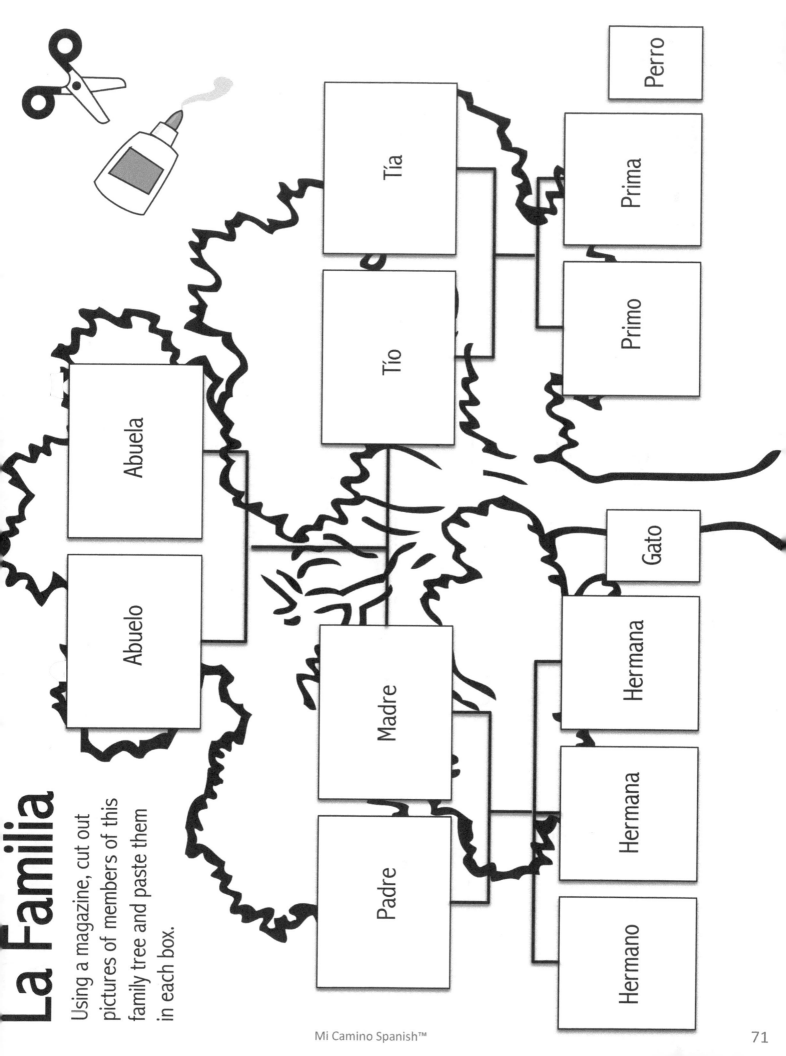

Perro

Prima

Primo

Tía

Tío

Abuela

Abuelo

Gato

Hermana

Hermana

Madre

Padre

Hermano

Mi Familia

Hola, me llamo _____ y tengo _____
(your name)   (your age)

años. En mi familia hay _____ personas.
                            (number)

Tengo _____ hermanos y _____
       (number)   (number)

mascotas. Mi _____ se llama _____
              (dog / cat / fish / pet)   (name of pet)

. Mis abuelos viven en _____
                          (city or state)

y tengo _____ primos. Ellos viven en _____
         (number)   (city or state)

. ¿Cuántos _____ tienes tú?
            (brothers & sisters)

DIRECTIONS: Fill out the word bubble with information about your family! Draw a picture of your family in the photo and present this to the class in Spanish!

Mi Camino Spanish

Lesson 8 –
Introduction to
Food & the Present Tense

El Desayuno
(Breakfast)

- **Los huevos** (eggs)
- **El tocino** (bacon)
- **Los panqueques** (pancakes)
- **La avena** (oatmeal)
- **El cereal** (cereal)
- **El yogur** (yogurt)

Las Bebidas
(Drinks)

- **La leche** (milk)
- **El té** (tea)
- **El café** (coffee)
- **El jugo** (juice)
- **El agua** (water)
- **El refresco** (soda)

Los Cubiertos
(Place Settings)

- **El plato** (plate)
- **El tenedor** (fork)
- **La cuchara** (spoon)
- **El cuchillo** (knife)
- **La servilleta** (napkin)
- **El vaso** (glass)

El Almuerzo
(Lunch)

- **El sandwich** (sandwich)
- **El arroz** (rice)
- **La ensalada** (salad)
- **La hamburguesa** (hamburger)
- **Las papas fritas** (french fries)
- **El perrito caliente** (hot dog)

Las Frutas y Las Verduras
(Fruits & Vegetables)

- **El plátano** (banana)
- **La fresa** (strawberry)
- **La manzana** (apple)
- **La sandía** (watermelon)
- **La naranja** (orange)
- **La pera** (pear)
- **Las uvas** (grapes)
- **La zanahoria** (carrot)
- **El tomate** (tomato)
- **La patata** (potato)
- **La cebolla** (onion)
- **La lechuga** (lettuce)

La Cena
(Dinner)

- **El pollo** (chicken)
- **El bistec** (steak)
- **El pescado** (fish)
- **El arroz** (rice)
- **El pan** (bread)
- **El ensalada** (salad)
- **La pizza** (pizza)
- **El espagueti** (spaghetti)

El Postre
(Dessert)

- **El helado** (ice cream)
- **Las galletas** (cookies)
- **Los dulces** (candy)
- **La rosquilla** (donut)
- **El pastel** (cake)

Teacher Tip!
Play "El Restaurante Fantástico" or "El Supermercado PURA VIDA" with your students!

La Comida

¿Cuál es tu favorito? — What is your favorite?

Color in the pictures, then practice writing the name of each meal in Spanish!

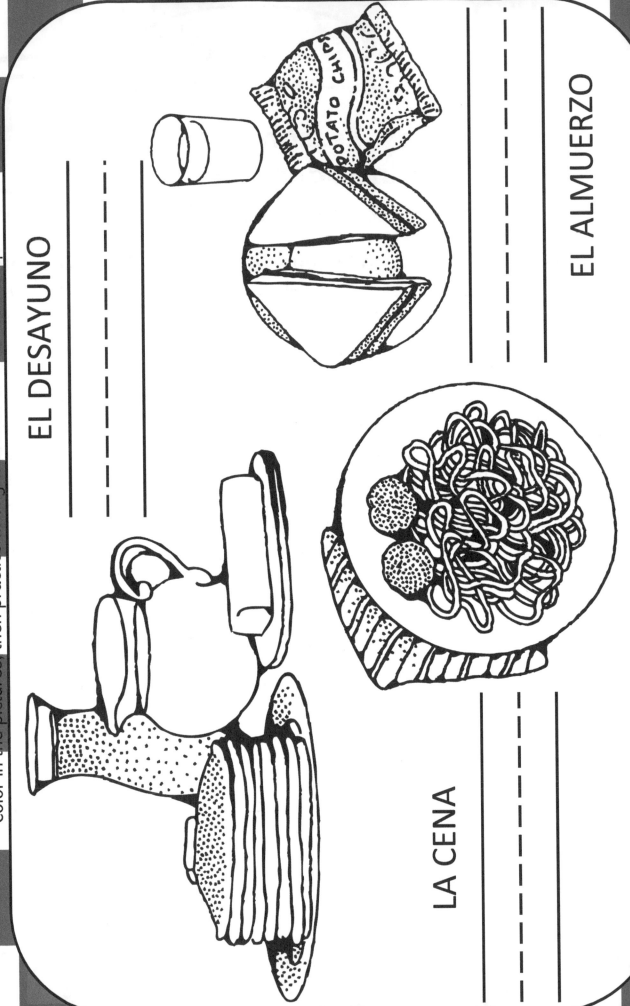

EL DESAYUNO

EL ALMUERZO

LA CENA

El Desayuno

¿Qué te gusta comer para el desayuno? — What do you like to eat for. breakfast? Color in each of the pictures and practice saying the Spanish names to a friend Finally, fill in the blank in the word bubble below!

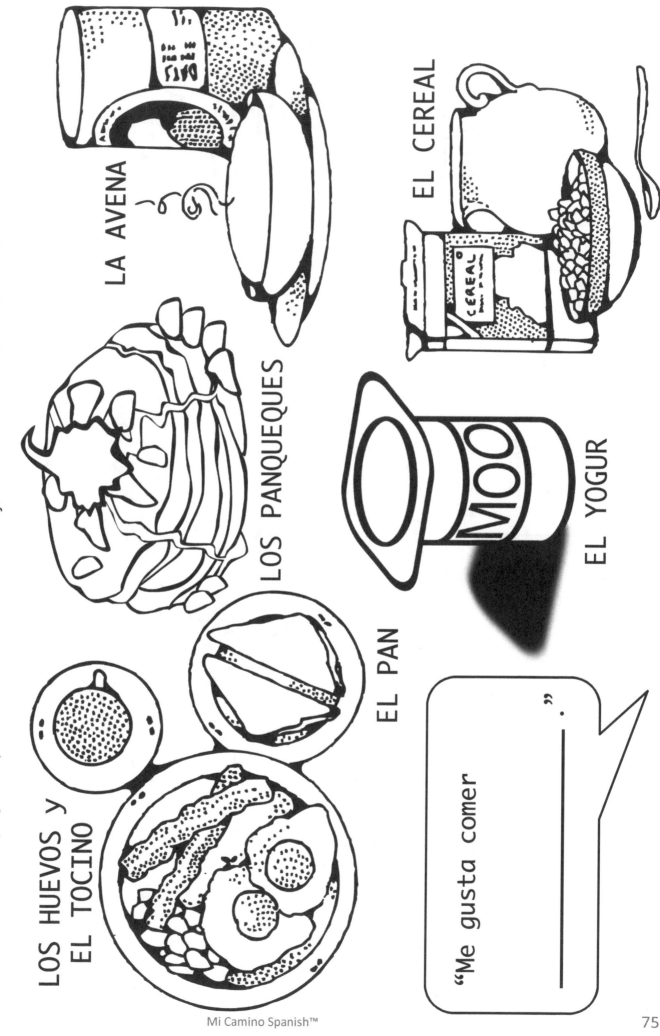

LA AVENA

EL CEREAL

LOS PANQUEQUES

EL YOGUR

LOS HUEVOS y EL TOCINO

EL PAN

"Me gusta comer _____"

El Almuerzo

¿Qué te gusta comer para el almuerzo? — What do you like to eat for lunch?
Color in each of the pictures and practice saying the Spanish names to a friend.
Finally, fill in the blank in the word bubble below!

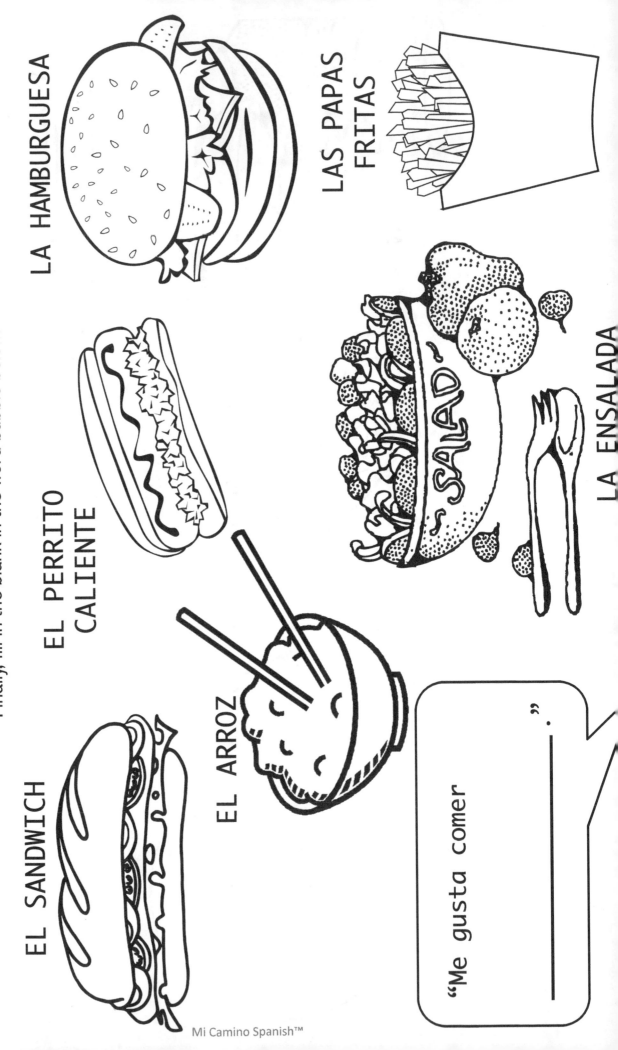

LA HAMBURGUESA

LAS PAPAS FRITAS

EL PERRITO CALIENTE

LA ENSALADA

EL SANDWICH

EL ARROZ

"Me gusta comer ____."

La Cena

¿Qué te gusta comer para la cena? — What do you like to eat for dinner?
Color in each of the pictures and practice saying the Spanish names to a friend.
Finally, fill in the blank in the word bubble below!

EL POLLO

EL BISTEC

LA SOPA

EL ESPAGUETI

LA PIZZA

EL PESCADO

"Me gusta comer _____"

El Postre

¿Cuáles son tus postres favoritos? – What are your favorite desserts?
Color in each of the pictures and practice saying the Spanish names to a friend.
Finally, fill in the blank in the word bubble below!

EL HELADO

EL PASTEL

LA ROSQUILLA

LOS DULCES

LAS GALLETAS

"Mi postre favorito es _____."

Las Bebidas

¿Cuál es tu bebida favorita? – What is your favorite drink?
Color in each of the pictures and practice saying the Spanish names to a friend.
Finally, fill in the blank in the word bubble below!

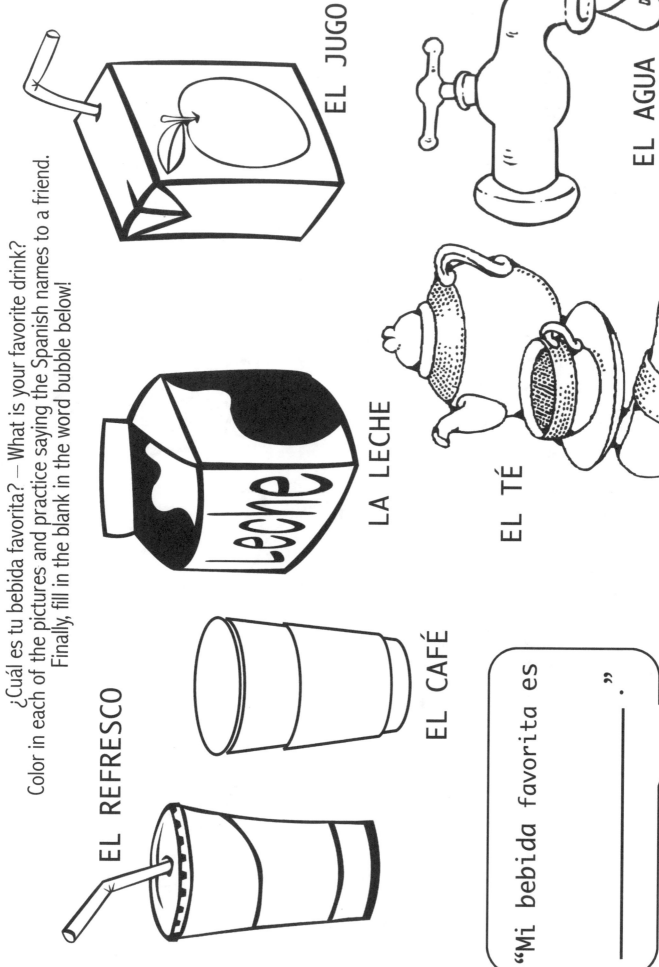

EL JUGO

EL AGUA

LA LECHE

EL TÉ

EL REFRESCO

EL CAFÉ

"Mi bebida favorita es _____."

Las Frutas y Las Verduras

¿Cuál es tu fruta y verdura favorita? – What is your favorite fruit and vegetable?
Color in each of the pictures and practice saying the Spanish names to a friend.
Finally, fill in the blanks in the word bubble below!

LA NARANJA

LA ZANAHORIA

LA MANZANA

LA SANDÍA

LAS UVAS

EL TOMATE

LA CEBOLLA

EL PLÁTANO

LA PERA

LA FRESA

LA PATATA

"Mi fruta favorita es _____."

"Mi verdura favorita es _____."

¿Cuál es tu comida favorita?

What is your favorite meal? First, label the place setting using the word bank. Then, draw a picture of your favorite meal and drink and label it in Spanish!

WORD BANK: LA SERVILLETA, EL TENEDOR, EL PLATO, EL CUCHILLO, LA CUCHARA, EL VASO

Mi Comida Favorita

Hola, me llamo _____ y tengo _____
           (name)   (age)

años. Para el _____ me gusta comer _____
         (breakfast)   (breakfast food)

y _____, y me gusta beber _____.
  (breakfast food)   (breakfast drink)

Para el _____ me gusta comer _____
       (lunch)   (lunch food)

y _____, y me gusta beber _____
  (lunch food)   (lunch drink)

me gusta comer. Para la _____
                   (dinner)

_____, y _____
(dinner food)   (dinner food)

me gusta comer, y me gusta beber
_____.
(dinner drink)

y me gusta beber _____.
               (favorite food)

Mi comida FAVORITA es _____.
                       (favorite food)

DIRECTIONS: Fill out the word bubble with information about your favorite foods! Draw a picture of your favorite meal in the photo and present this to the class in Spanish!

Introduction to the Present Tense

Label each picture with the correct Spanish verb. Then, color the pictures.
WORD BANK: LEE / BEBE / COME / TOCA / PATINA / LAVA / HABLA / DUERME

El chico...

El gato...

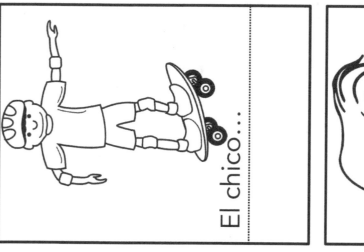

El chico...

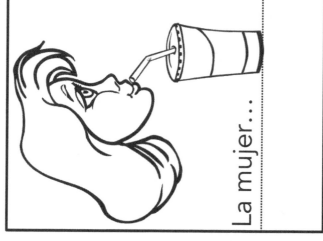

La mujer...

"HOLA"

El robot...

El hombre...

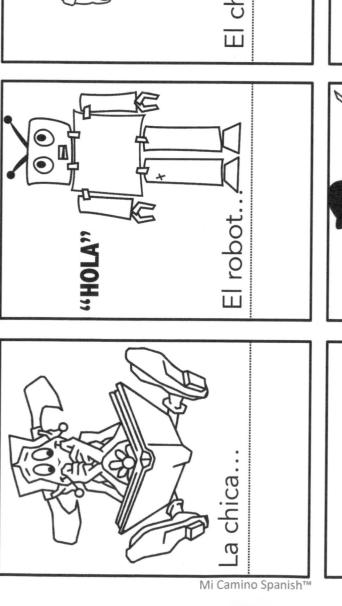

La chica...

La vaca...

Introduction to the Present Tense

Read each sentence and then draw a picture of yourself "doing" the action.

(1. I read. 2. I speak. 3. I skate. 4. I wash. 5. I eat. 6. I play (an instrument). 7. I drink. 8. I sleep.)

4. Yo lavo.

8. Yo duermo.

3. Yo patino.

7. Yo bebo.

2. Yo hablo.

6. Yo toco.

1. Yo leo.

5. Yo como.

Me levanto a las _____
¡Buenos días!

Mi Rutina Diaria
Escrito por:

Fill in the blanks on each page with Spanish telling time and food vocabulary. Then, draw pictures reflecting your daily routine.

Voy a la escuela a las _____ .

¡Me gusta aprender!

Desayuno a las _____ y media.

¡Me gusta comer _____ !

Voy a casa a las _____

¡Buenas tardes!

Almuerzo a las _____

¡Me gusta comer _____!

Voy a la cama a las _____.

¡Buenas noches!

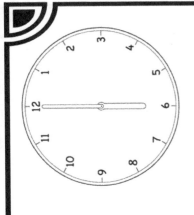

Ceno con mi familia a las _____.

¡Me gusta comer _____!

El Árbol Mágico

This magical tree grows many fruits. Label each of the fruits that grow on this magical tree with its name in Spanish. Then, color the picture.

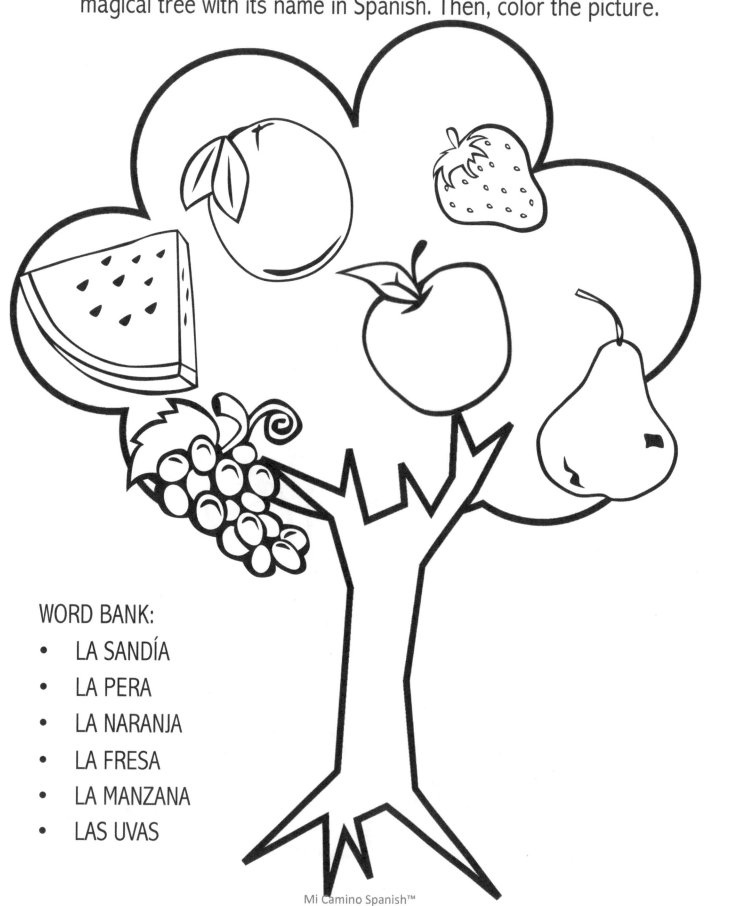

WORD BANK:

- LA SANDÍA
- LA PERA
- LA NARANJA
- LA FRESA
- LA MANZANA
- LAS UVAS

Mi Jardín

(My Garden) Draw a picture of the vegetables that you would grow in your garden. Then, label each one with its name in Spanish.

WORD BANK:

- LA CEBOLLA
- LA PATATA
- EL TOMATE
- LA LECHUGA
- LA ZANAHORIA

"La Frase Escondida"

Find the "HIDDEN PHRASE." Fill in the blanks below with the correct vocabulary word in Spanish. Then, uncover the hidden phrase at the bottom.

Lesson 9 – Introduction to the Simple Future

- **"Yo voy..."** (I go... / I am going...)
- **"Tú vas..."** (You go... / You are going...)
- **"¿Adónde vas?"** (Where are you going?)
- **"¿Qué vas a hacer?"** (What are you going to do?)

Teacher Tip!
Play charades using location vocabulary words!

Location Vocabulary

Library	La biblioteca
Gym	El gimnasio
Park	El parque
Beach	La playa
Cinema	El cine
Supermarket	El supermercado
School	La escuela
House	La casa
Countryside	El campo
Airport	El aeropuerto
Restaurant	El restaurante
City	La ciudad
Pool	La piscina
Party	La fiesta
Mountains	Las montañas
Zoo	El zoológico

¿Adónde vas este fin de semana?

Where are you going this weekend? Draw a picture of a place where you might go this weekend and label it in Spanish. Choose from one of the options to the right.

WORD BANK: Voy a la piscina. I Voy a la playa. I Voy al restaurante. I Voy a las montañas. I Voy al cine. I Voy al parque. I Voy a la fiesta. I Voy al aeropuerto. I Voy a la ciudad. I Voy al campo. I Voy a casa. I Voy a la biblioteca.

¿Adónde vas?

Where are you going? Fill in the blanks below. Write where you are going in Spanish based on the pictures. WORD BANK: BIBLIOTECA, PARQUE, CINE, FIESTA, ESCUELA, PLAYA, ZOOLÓGICO

a. Voy al _____

b. Voy a la _____

c. Voy a la _____

d. Voy a la _____

e. Voy al _____

f. Voy a la _____

g. Voy al _____

¿Adónde vas?

Where are you going? Fill in the blanks below. Write where you are going in Spanish based on the pictures. WORD BANK: CIUDAD, PISCINA, RESTAURANTE, CAMPO, CASA, GIMNASIO, SUPERMERCADO

a. Voy al _____

b. Voy al _____

c. Voy al _____

d. Voy al _____

e. Voy a la _____

f. Voy a la _____

j. Voy a la _____

¿Qué vas a hacer?

What are you going to do? Complete the following sentences choosing one of the Spanish verbs from the word bank that best fits.

1. Voy a las montañas. Voy a _____

2. Voy a la piscina. Voy a _____

3. Voy a la escuela. Voy a _____

4. Voy a la fiesta. Voy a _____

5. Voy al parque. Voy a _____

6. Voy al restaurante. Voy a _____

7. Voy a la biblioteca. Voy a _____

8. Voy a casa. Voy a _____

Mi Camino Spanish™

Lesson 10 – Introduction to Spanish-Speaking Countries

North & Central America

1. Mexico
2. Guatemala
3. El Salvador
4. Honduras
5. Nicaragua
6. Costa Rica
7. Panama

Teacher Tip!
Use a globe or a world map to show students where to find these countries!

South America

8. Venezuela
9. Colombia
10. Ecuador
11. Peru
12. Chile
13. Argentina
14. Uruguay
15. Paraguay
16. Bolivia

The Caribbean

17. Cuba
18. The Dominican Republic
19. Puerto Rico

Europe & Africa

20. Spain
21. Equatorial Guinea

España

Spain is widely known as the country of beautiful Spanish dancers, the mighty Spanish bull, and flamenco music. Did you know that the guitar originated in Spain?

México

Mexico is widely known for its iconic celebrations like "Día de los Muertos" (Day of the Dead), its fiestas adorned with colorful "papel picado" and piñatas, spicy and delicious food, and ancient ruins. Mexico is the largest Spanish-speaking country in the world.

El Caribe

The Caribbean is widely known for its tropical beaches and islands, its beautiful sea life, and its lively music. The Spanish-speaking countries of the Caribbean are the DOMINICAN REPUBLIC, PUERTO RICO, and CUBA.

América del Sur

South America is widely known for its cultural icons like Machu Picchu (Peru) and the mighty Amazon, representing over half of the planet's remaining rainforests. The Spanish-speaking countries of South America are: COLOMBIA, ECUADOR, BOLIVIA, VENEZUELA, CHILE, PERU, URUGUAY, PARAGUAY and ARGENTINA.

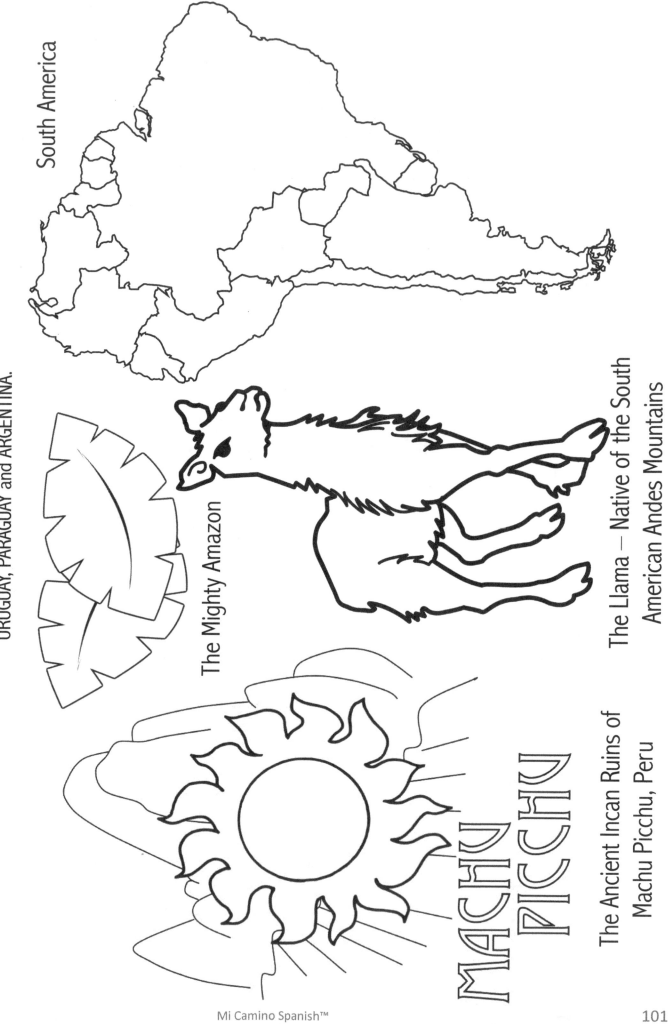

South America

The Mighty Amazon

The Llama — Native of the South American Andes Mountains

Machu Picchu

The Ancient Incan Ruins of Machu Picchu, Peru

América Central

Central America is widely known for its rich and diverse cultures, its tropical climate and rainforests, its colorful birds, butterflies and animals. The Spanish-speaking countries of Central America are: GUATEMALA, NICARAGUA, HONDURAS, EL SALVADOR, COSTA RICA, and PANAMA.

Belize

Honduras

Guatemala

El Salvador

Nicaragua

Costa Rica

Panama

Spanish-Speaking Countries of the World!

Label & color the Spanish-speaking countries of the world.

A. México, B. América Central, C. El Caribe, D. América del Sur, E. España, and F. República de Guinea Ecuatorial. Then answer the question, "¿Dónde quieres ir?" (Where do you want to go?) in the word bubble. Where do you live? Draw a star where you live!

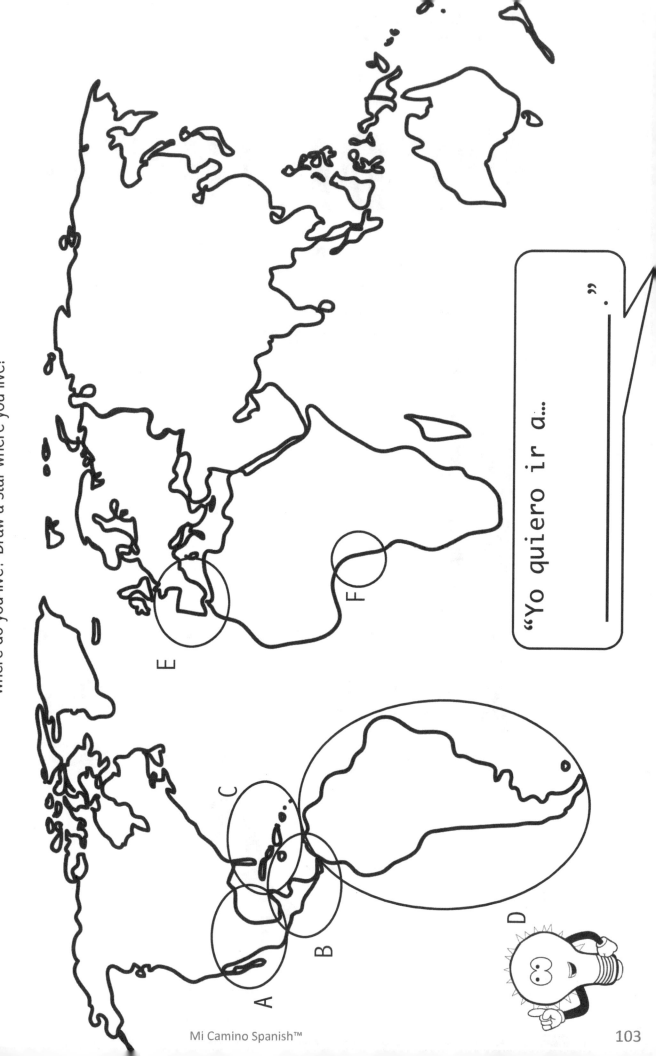

"Yo quiero ir a..."

Certificado de
Finalización

Clase de Español

¡Sí!

_____
(Firmado)

_____
(Fecha)